FastTrack
INSTRUCCIÓN MUSICAL

Teclado 1

T0034085

INTRODUCCIÓN

Te compraste un teclado...¿y ahora qué?

¡Felicidades! Qué bien se te ve detrás de ese teclado, frente al espejo, haciendo playb... ...la radio —sin que siquiera esté encendido el instrumento. ¿Pero acaso no quedarán tus amigos y tu familia aún más impresionados si realmente puedes tocar el condenado instrumento?

En tan sólo un par de semanas, te vamos a tener tocando unos temas muy conocidos, además de que improvisarás con unos acordes y técnicas padrísimos. Y para el final de este libro, a pasar a los éxitos —los Beatles, Clapton, Hendrix y muchos más.

Lo único que pedimos es que sigas estos tres puntos: **tener paciencia**, **practicar** y **avanzar a tu propio ritmo**.

No trates de hacer demasiado, y NO te saltes nada. Si te duelen las manos, tómate el día. Si te frustras, guarda el libro y regresa a él más tarde. Si te olvidas de algo, retrocede y apréndelo de nuevo. Si lo estás pasando bien, olvídate de la comida y sigue tocando. Pero sobre todo, ¡diviértete!

SOBRE EL AUDIO

Nos da gusto que hayas notado el beneficio adicional de este libro —¡pistas de audio! Cada ejemplo musical del libro está incluido en el audio para que puedas escuchar como suena y toques con el audio cuando estés listo. Escúchalo cada vez que veas este símbolo: ◆1

Antes de cada ejemplo en el audio hay un compás de «tictac» para indicar cuál es el tempo y el compás. Se usaron muchos efectos sonoros del teclado al grabar el audio para enriquecerlo.

Mueve el ajuste de señal (*Balance*) a la derecha para oír la parte del teclado enfatizada; mueve el ajuste de señal a la izquierda para oír solamente el acompañamiento. A medida que te sientas más seguro, trata de tocar la parte del teclado junto con el resto de la banda (el acompañamiento).

Para tener al audio acceso visitar:
www.halleonard.com/mylibrary

Enter Code
3781-4404-6650-4249

ISBN 978-0-634-02381-1

HAL•LEONARD®
CORPORATION
7777 W. BLUEMOUND RD. P.O. BOX 13819 MILWAUKEE, WI 53213

Visite a Hal Leonard en la dirección en Internet: www.halleonard.com

UN BUEN PUNTO DE PARTIDA

Siéntate o quédate de pie...¡es tu elección!

Quizás la manera más cómoda de aprender a tocar el teclado, y la que menos cansa, es estar sentado mientras tocas. Si te sientas, asegúrate de que tu teclado no esté colocado demasiado alto o te empezarán a doler los brazos.

En muchas banda el tecladista está de pie, aunque casi nunca recorre el escenario. Si decides estar sentado, asegúrate de que el teclado no esté puesto demasiado bajo.

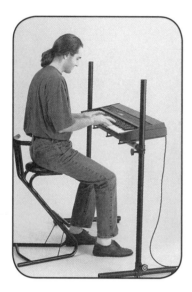

Por favor manténlos arqueados...

Piensa que tus dedos están enumerados de 1 a 5 —el pulgar es «1» y el meñique, «5».

Recuerda que tus dedos deben estar arqueados en todo momento (es decir, en todo momento que toques...¡no recomendaríamos comer o jugar golf así!). Podrás tocar mucho más rápido y con más precisión que si tus dedos están extendidos.

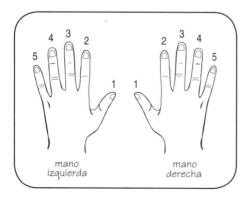

Las claves al éxito...

Tu teclado (al igual que el de cualquiera) consiste en una serie de teclas **negras** y **blancas**. Hay teclas negras en grupos de dos y de tres:

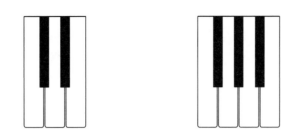

¿Qué nota es?

Cada tecla blanca del grupo tiene su propio nombre: Do, Re, Mi, Fa, Sol, La, Si. (En el sistema de nomenclatura de los países sajones, se usan las letras del abecedario, que corresponden a nuestro sistema así: Do-Re-Mi-Fa-Sol-La-Si).

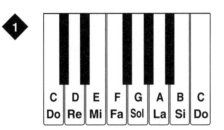

¡Encuéntralas rápido!

Para localizar todas las teclas rápidamente, sólo tienes que recordar tres reglas sencillas:

1 Las teclas siempre siguen este orden: Do, Re, Mi, Fa, Sol, La, Si.

2 Do siempre se encuentra antes de un grupo de dos teclas negras:

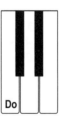

3 Fa siempre se encuentra antes de un grupo de tres teclas negras:

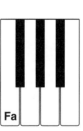

 "¿Son las teclas negras sólo pautas?" No. Son notas que se llaman «sostenidos» y «bemoles» y aprenderás más sobre ellas después.
(¡Pero no te adelantes!).

↑ dobla

DOBLA LA PUNTA DE ESTAS DOS PÁGINAS

(...tendrás que revisarlas más tarde)

La música es una lengua con sus propias gráficas, estructuras, reglas (y excepciones a éstas). Leer, escribir y tocar música requiere un conocimiento de todos los símbolos y las reglas. Pero vamos a ver cada cosa paso a paso (unos cuantos pasos ahorita, y otros más adelante)...

Las notas

La música se escribe con unas cositas que se llaman **notas.** Estas notas tienen todo tipo de forma y tamaño. Una nota cuenta con dos elementos fundamentales: la **altura de sonido** (su posición en el pentagrama lo indica) y el **valor rítmico** (las figuras a continuación representan las diferentes duraciones):

| redonda | blanca | negra |

La duración (o el valor) rítmica te permite saber cuántos tiempos (o partes) dura la nota. Típicamente, una negra vale un tiempo. Partiendo de aquí, todo se divide como las fracciones (¡tampoco nos gustan las matemáticas!):

Dos blancas equivalen una redonda

Dos negras equivalen una blanca

Cuatro negras equivalen una redonda

El pentagrama

Todas las notas se escriben en un **pentagrama**, o cerca de uno, que consiste en cinco líneas horizontales y cuatro espacios. (*Penta* = cinco; en griego). Cada línea y cada espacio corresponde a una nota diferente.

Las líneas adicionales

Como no todas las notas pueden caber en tan sólo cinco líneas y cuatro espacios, se usan las **líneas adicionales** para ampliar el pentagrama:

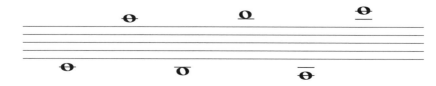

La clave

Un signo que se llama **clave** indica qué notas figuran en un pentagrama determinado.
Existe una variedad de claves en la música, pero sólo nos interesa una por ahora:

Clave de sol

La **clave de Sol** en un pentagrama organiza las notas en las líneas y los espacios de la manera siguiente:

| Mi | Sol | Si | Re | Fa | | Fa | La | Do | Mi |

Es importante recordar los nombres de las notas de cada línea: Mi, Sol, Si, Re, Fa. Los espacios, en cambio, siempre son "**Fa, La, Do, Mi**".

Los compases

Las notas de un pentagrama están organizadas en **compases** que ayudan a saber en qué parte de la canción estás. (¡Imagínate lo que sería leer un libro sin puntos, comas o mayúsculas!)

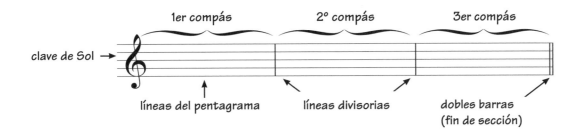

Las cifras del compás

Los compases siempre se representan gráficamente mediante las dos **cifras del compás**. Estas cifras indican cuántas partes se verán en cada compás. El número superior indica cuántos tiempos habrá en cada compás, y el número inferior indica qué tipo de nota será. equivalente a una parte.

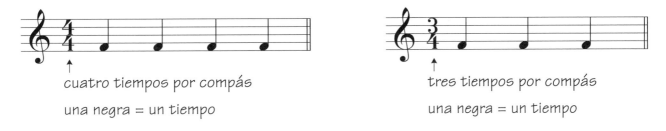

Relájate por un rato, lee todo de nuevo más tarde, y luego adelante.
(Confía en nosotros —conforme vamos avanzando en el libro, empezarás a entender).

LECCIÓN 1
No te quedes sentado ahí, ¡toca algo!

Tenemos «energía». Estamos relajados, cómodos y tenemos ganas de tocar. Vamos al grano...

Posición de Do: Mano derecha

Busca la tecla de Do que queda más cercana al centro de tu teclado —esta nota es el «Do central» (ingenioso, ¿no?). Pon el dedo 1 (el pulgar) de la mano derecha ... sobre el Do central y los otros cuatro dedos sobre las cuatro teclas que siguen.

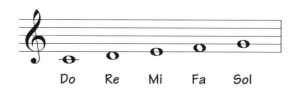

Do   Re   Mi   Fa   Sol

Vamos a acostumbrarnos a estas notas con una canción. (No dudes en volver a las páginas 4 y 5 si necesitas repasar las notas y el ritmo):

② Frère Jacques rock

③ Canto a la alegría (estilo rock)

Cinco notas y dos canciones en menos de cinco minutos —no está mal, ¿no? Practica estas notas con unos temas que son muy conocidos en Estados Unidos en la página que sigue...

4 Go Find The Roadie

Go find the road - ie. Go find the road - die.

Go find the road - ie, my key - board stand fell down.

5 Rockin' The Bells

¡Que sigan arqueados esos dedos!

6 Tisket, Tasket

Repite estos temas una y otra vez, tocándolos cada vez más con un poco más de velocidad.

UNAS NOTAS MÁS SOBRE LA MÚSICA

(...¡disculpen el juego de palabras!)

Los silencios

Un **silencio** musical es un descanso. Al igual que las notas, los silencios también tienen valores rítmicos que te indican la duración del descanso, por cuántos tiempos hay que parar:

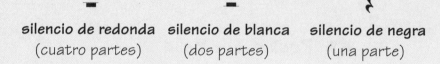

silencio de redonda   **silencio de blanca**   **silencio de negra**

(cuatro partes)   (dos partes)   (una parte)

Inténtalo...

En el siguiente ejemplo en compás de 4/4, tocarás Sol, Sol, silencio, Sol, silencio, silencio, silencio, silencio, Sol, Sol, silencio, silencio, Sol, silencio, silencio, Sol:

◆7 Para un momento

cuenta en
voz alta   1   2   (3)   4   (1   2   3   4)   1   2   (3   4)   1   (2   3)   4

IMPORTANTE: ¡Un silencio **no** quiere decir que bajes las manos o que relajes los dedos! Durante un silencio, debes seguir leyendo y tener los dedos listos para la próxima serie de notas a tocar.

◆8 Rock, roll, silencio

Los compases incompletos...

En vez de comenzar una canción con silencios, se puede usar un compás **incompleto**. Un compás incompleto sencillamente borra los silencios. De este modo, si el compás incompleto sólo tiene una parte, tú cuentas «1, 2, 3» y empiezas a tocar en el tiempo 4:

Haz la prueba con estas canciones que tienen compases incompletos:

◆ 9 When The Saints Go Marching In

OJO: El último compás contiene los tiempos que le faltan al compás incompleto.

◆ 10 Marcha incompleta

☞ ¡Estupendo! Practica las canciones de la lección 1 de nuevo. Cuando estés listo (y después de un bocado de la refrigeradora), pasa a la lección 2.

LECCIÓN 2

Estirar los dedos un poco...

¡**B**ienvenido! Ahora sabes cinco notas, algunas canciones, y lo que es el silencio. Pero, ¿cuántas canciones puedes tocar con sólo Do, Re, Mi, Fa, y Sol? Vamos a aprender dos notas más...

Notas del pulgar y el meñique: Si y La

Con la mano en posición sobre Do, mueve el dedo 1 (pulgar) una tecla hacia abajo a la nota Si. Ahora trata de mover el dedo 5 (meñique) una tecla más arriba a la nota La.

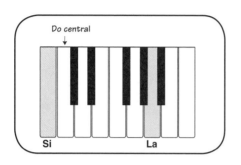

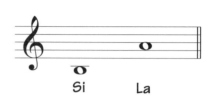

Prueba tocar estas dos notas nuevas con las dos canciones a continuación ...

11 Rock To My Lou

Observa el compás incompleto...

12 Oh, Susannah

Al principio, siempre practica lentamente. Acelera el **tempo** solamente a medida que te sientas más seguro de las notas.

🔹13 Danny Boy

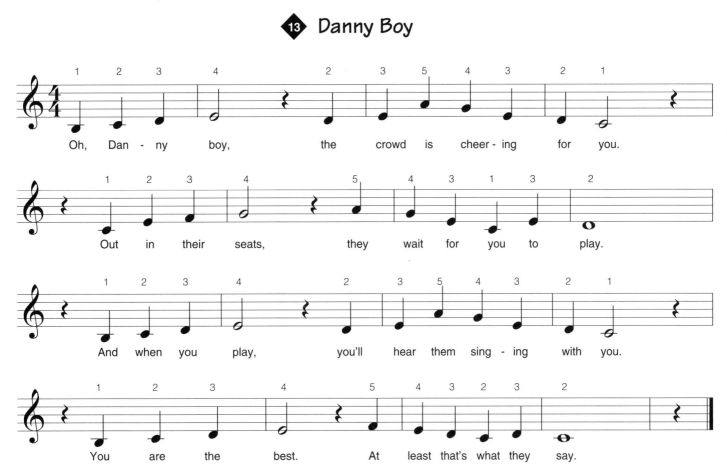

RECUERDA: La próxima canción está en compás de 3/4. Es decir, tiene tres tiempos (negras) por compás. (Para un repaso rápido de los compases, vuelve a la página 5).

🔹14 Chiapanecas

¡OYE, MIRA PARA ACÁ! ¡Mira la música, no a tus dedos!
(Tu cerebro ya tiene mucho que hacer — ¡no trates de memorizar los temas también!)

¡TIENES RITMO!

¡Qué ligadura!

Una **ligadura** une dos notas, hace que se vean elegantes, y significa que el valor de la primera nota se une al valor de la segunda:

cuenta: 1 2 3 4 1 2 3 4 1 2 3 4 1 2 3 (4)
sostener   sostener   sostener

¡Es sencillo! Acuérdate siempre de contar en voz alta hasta que lo comprendas y sientas el ritmo.

15 Kum-bah-yah

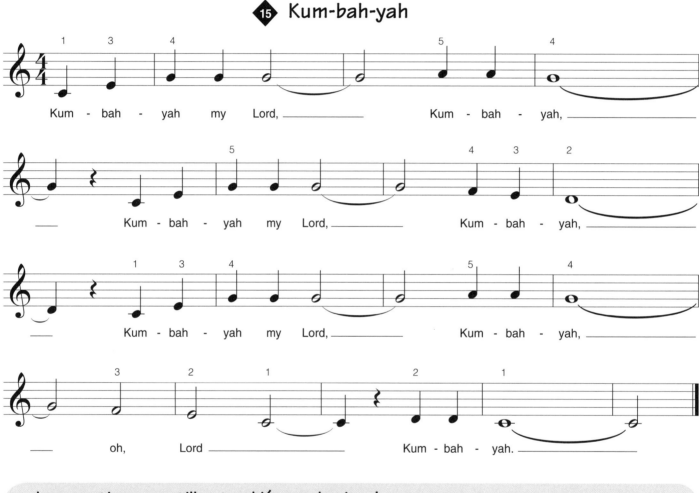

Kum - bah - yah my Lord, _____ Kum - bah - yah, _____

_____ Kum - bah - yah my Lord, _____ Kum - bah - yah, _____

_____ Kum - bah - yah my Lord, _____ Kum - bah - yah, _____

_____ oh, Lord _____ Kum - bah - yah.

Las que tienen puntillos también son bonitas!

Otra manera de aumentar la duración de una nota es usar un **puntillo**. El puntillo aumenta la duración de la nota por la mitad de su valor. Muy común es la **blanca con puntillo**:

blanca   +   puntillo   =   blanca con puntillo

(dos tiempos)   (un tiempo)   (tres tiempos)

Encontrarás las blancas con puntillo en muchas canciones, especialmente en las que tienen un compás de 3/4.

cuenta: 1 2 3 1 2 3 1 2 3 1 2 3

¡Aplícalo!

Ahora toca algunas canciones con ligaduras y puntillos...

◆16 Ligar con ligaduras

◆17 Mi teclado

My key - board has black keys and white keys. My key - board has lots of cool sounds. ___ I'm learn - ing to play it, be pa - tient. ___ And soon I'll be rock - ing this town. ___

☞ Éste es buen momento para descansar, tal vez buscar unos helados. Después regresas, repasas las canciones, y pasas a la lección 3.

LECCIÓN 3

Dos manos son mejor que una...

Increíble — ¡siete notas, silencios, ligaduras, puntillos y algunas canciones! «¿Pero, no hay que usar las dos manos para tocar?» Ya te nos adelantaste …

Posición del Do: Mano izquierda

Busca el próximo Do debajo del Do central y coloca el dedo 5 de tu mano izquierda sobre esta tecla. Los otros cuatro dedos van sobre las cuatro notas ascendentes que siguen, como se ve aquí:

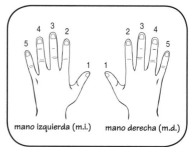

OJO: Así como con la mano derecha, extiende el pulgar y el meñique (dedos 1 y 5) para tocar la y si con la mano izquierda.

mano izquierda (m.i.)   mano derecha (m.d.)

Uno por uno …

La mano izquierda puede añadir **armonía** tocando y sosteniendo las notas mientras la mano derecha toca la melodía. En las canciones que siguen, los nombres de las notas que la mano izquierda ha de tocar (y sostener) están escritas encima del pentagrama:

18 Ejercicio armónico

Ahora añade armonía a unos temas que quizás conozcas...

19 Aura Lee

Los signos de repetición tienen dos puntos antes o después de una doble barra(|: :|). Significan simplemente (¡ya lo adivinaste!) que se repite todo lo que aparece entre medio. Si hay sólo un signo de repetición al final, nos indica que se repite todo desde el comienzo.

20 Mariana

La siguiente canción tiene una **1ª** y una **2ª conclusión** (los corchetes horizontales, y los números «1» y «2» marcan estas conclusiones). Toca la canción una vez hasta llegar al signo de repetición (1ª conclusión), luego repite todo desde el compás número 2. La segunda vez que toques todo, te saltas la 1ª conclusión y tocas la 2ª (y última) conclusión...

21 Michael, Rock The Crowd Ashore

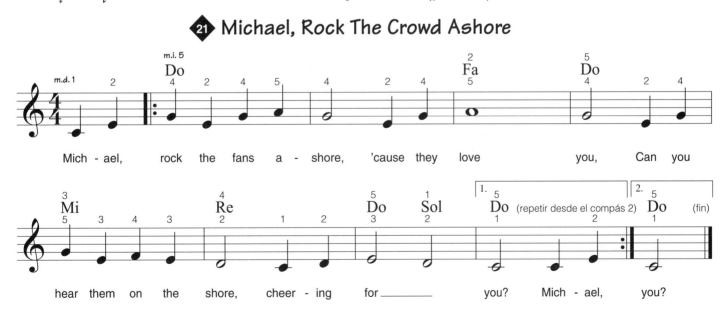

SUGERENCIA: Deja que tus ojos lean las notas que vienen después de la que tocas. De esta manera, sabrás lo que te espera y podrás tener tus dedos listos con anticipación.

LECCIÓN 4
Miedo de pilotear sólo ...

Las armonías que has tocado hasta ahora consisten en una sola nota y suenan bien, pero ¿qué tal si enriquecemos el sonido? Es hora de aprender unos **acordes**.

¿Qué es un acorde?

Un acorde consiste en tres o más notas tocadas simultáneamente (palabra digna de un escritor, ¿no?). Escucha unos ejemplos de acordes en el audio:

◆**22** Do   Sol   Fa   La menor   Mi menor

Es fundamental saber lo que son los acordes porque:

 Los acordes proporcionan la armonía a la melodía que tú, o otro miembro de la banda, tocas.

 Si te da mucha pereza tocar un solo (¿y a quién no le pasa?), sencillamente tocas los acordes de una canción mientras cantas la melodía.

3 Acordes mayores...

Te lo creas o no, con las siete notas que ya sabes, puedes tocar muchos acordes. ¿Quieres una prueba?

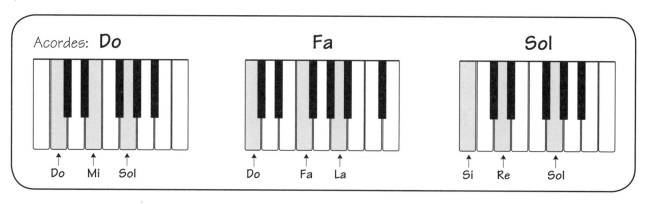

1 vale 2: Puedes tocar estos acordes con cualquiera de las dos manos en la posición de Do. (Solamente tienes que usar cualquier «Do» como guía y formar los acordes de acuerdo con la gráfica arriba.).

A trabajar...

Escoge una mano y practica tus nuevos acordes:

◆**23** Do – Fa – Do – Sol   Do – Fa – Sol – Do   Fa – Sol – Do

Ahora cambia de mano y repite el ejercicio. ¡Después hazlo con las dos manos al mismo tiempo!

Ya no estás solo ...

De ahora en adelante, en vez de una armonía de notas solas, usaremos el sistema sajón para la notación de **los signos de acordes** (**cifrado**) que presentamos antes. Las letras encima del pentagrama representarán **los acordes**, y indicarán qué acordes se deben tocar con la mano izquierda.

Usando este sistema de cifrado común, toca sólo los acordes de la próxima canción mientras cantas la melodía ...

24 **Twinkle, Twinkle, Little (Rock) Star**

Y ahora repite la canción, tocando la melodía con la mano derecha y los acordes con la izquierda.

25 **Boogie con acordes**

LECCIÓN 5
Son las cosas pequeñas las que cuentan ...

Los acordes mayores no fueron tan difíciles, ¿no? ¿Qué tal si vemos tres acordes **menores**?

Acordes: Mi menor, La menor, Re menor

En nuestro sistema se distingue entre los acordes mayores y menores escribiendo 'mayor' o 'menor' después de la nota, por ejemplo, Do menor. (En el sistema sajón, al acorde menor se le añade una especie de **sufijo** que te dice qué tipo de acorde tocar. Los acordes ... con la letra, por ej., **C**. Los acordes menores usan el sufijo «m» tras la letra, como en Em).

A trabajar...

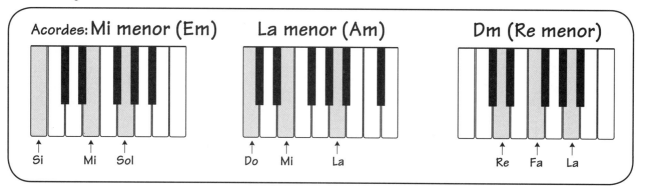

Acordes: **Mi menor (Em)**   **La menor (Am)**   **Dm (Re menor)**

Si — Mi — Sol   Do — Mi — La   Re — Fa — La

Toca tus nuevos acordes, primero con la mano derecha, luego con la izquierda, y después con las dos manos:

26   Mi menor–La menor–Re menor–Mi menor   Re memor–La menor–Mi menor

Re menor–Mi menor–La menor

Ahora combina los acordes menores con los acordes mayores:

27   Do mayor–Fa mayor–Re menor   La menor–Mi menor–Sol mayor

La menor–Fa mayor–Re menor–Mi menor–Do mayor

Una pequeña pregunta...

Como podrás oír (y ver), un acorde mayor no es más grande (ni más importante) que uno menor, es sólo un nombre. Pues, ¿cuál es la diferencia entre ellos? Toca y escúchalos de nuevo. RÁPIDO Y FÁCIL: los acordes mayores suenan «felices» y los acordes menores parecen «tristes».

28 **Blues en menor**

29 La música me pone feliz

En algunos arreglos musicales, verás una **notación abreviada de barra oblicua**. Esto simplemente te dice que toques el acorde una vez por cada signo de repetición " **/** " que veas.

30 Acordes rockeros no. 1

31 Acordes rockeros no. 2

Ahora prueba tocar corcheas en esta canción con corcheas. (¡Sigue ....!).

¡QUÉ RITMO!

¿Qué te parece una negra o una corchea?

Una **corchea** tiene un corchete
en la plica.

Dos corcheas valen una negra, o sea, un tiempo. Para que sean más fáciles de leer,
las corcheas se escriben con una **barra** que las unen.

Cuenta las corcheas dividiendo el tiempo en dos y usando la palabra "y".

Practica esto primero contando en voz alta mientras sigues el ritmo al mover el pie
con cada tiempo. Luego toca la nota mientras cuentas y mueves el pie con el ritmo.

¿Qué pasó con los silencios?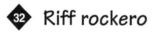

Los silencios de corchea tienen el mismo valor rítmico que las corcheas, sólo que…hay
silencio. Cuenta, mueve el pie, toca, y deja de tocar con los silencios a continuación.

Prueba ahora con una canción que tiene corcheas. (¡Sigue moviendo ese pie!)

◆**32** Riff rockero

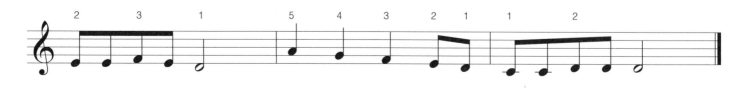

20

LECCIÓN 6
Híjole, ¡ésta nos gusta!

Nos hacen falta unas notas más agudas, pero no vayas a estirar las manos demasiado. Sólo cambias de posición ...

Posición de Sol

Pon el dedo 1 sobre el Sol superior al «Do central» y coloca los otros cuatro dedos sobre las notas La, Si, Do y Re.

Sol   La   Si   Do   Re

👉 CAMBIAR DE POSICIÓN: Para cambiar de la posición de Do a la posición de Sol, desplaza el dedo 1 (pulgar) por debajo en un momento adecuado de la música.

En este tema, cuando el dedo 4 toca Fa, desplaza el pulgar por debajo de la mano para tocar el Sol. Sigue tocando las notas más agudas (altas) con la mano ya en la posición de Sol:

33 Do al Sol

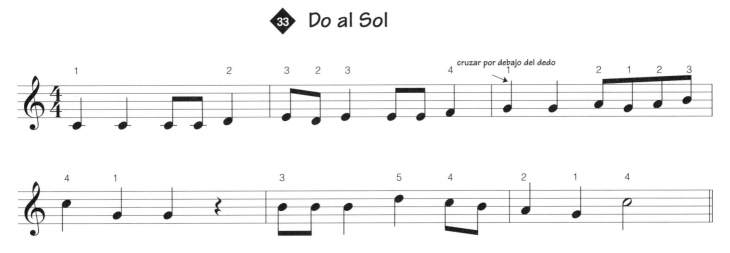

Para volver a la posición de Do, desplaza el dedo 3 por encima para tocar el Mi y terminar la canción en la posición de Do:

34 Rock and Roll Your Boat

Caray, ¡cómo se mueven esos dedos! («¡Y cómo se pueden enredar!»). Practica lentamente.

Vamos a estirarnos otra vez ...

En la posición de Sol, el dedo 1 se desplaza para abajo al Fa; el dedo 5 se mueve hacia arriba al Mi.

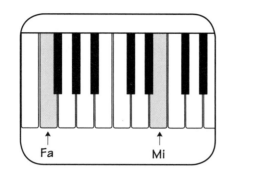

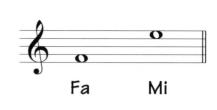

Practica tus nuevas notas con este tema:

35 Régimen de Fa y Mi

☞ NUEVA DIGITACIÓN: Cuando se cambia de posición, es necesario a veces desplazar la mano entera (en lugar de sólo los dedos). En la siguiente canción, desplaza la mano entre las posiciones donde se indique.

36 Bach Rock

Tócalo otra vez. Asegúrate de usar la digitación correcta para la mano derecha.

¡LOS SOSTENIDOS!

La música tiene **semitonos** y **tonos**. Un semitono es la distancia de una tecla a la siguiente, la más cercana, blanca o negra.

Un semitono más alto (más agudo) se llama un **sostenido** y se anota así: ♯

Un semitono más bajo (más grave) se llama un **bemol** y se escribe así: ♭

IMPORTANTE: Un signo de sostenido o de bemol sólo se utiliza una vez para la misma nota dentro del mismo compás. Es decir, si un La lleva un bemol, todos los La en ese compás son La bemol.

37 Hava Nagilah

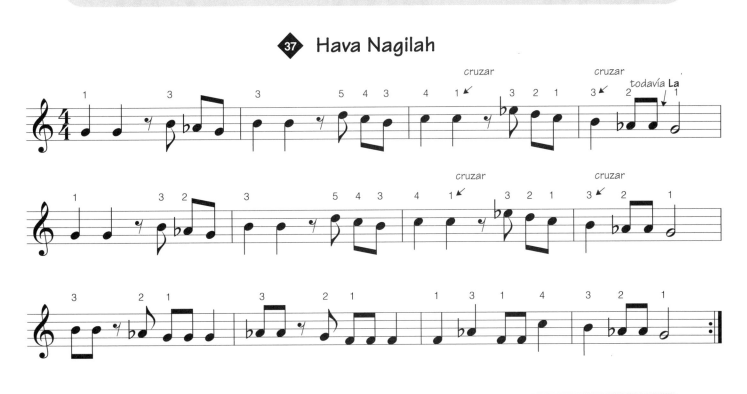

OJO: Para tocar una tecla negra, usa el mismo dedo que usarías para tocar la tecla blanca más cercana. Por ejemplo, en la posición de Do, usa el dedo 3 para tocar el Mi bemol, el dedo 4 para el Fa bemol, etc....

38 Bluesy Riff

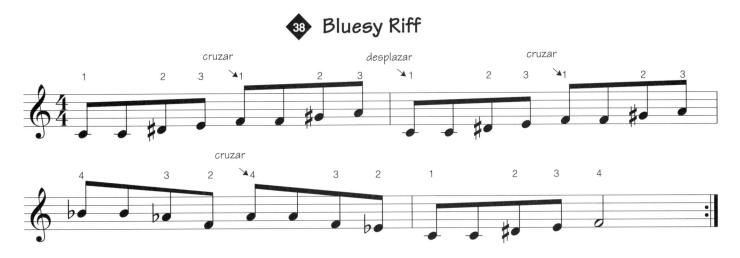

«¿Qué tal si vemos más acordes?» ¡Creíamos que nunca nos lo pedirías! Vuelve la página...

LECCIÓN 7

Más ...

Con tu nuevo conocimiento de los sostenidos y los bemoles, podemos tocar aún más acordes padrísimos...

RECUERDA: Un bemol es la tecla justo a la izquierda de donde estás, y un sostenido es la tecla justo a la derecha.

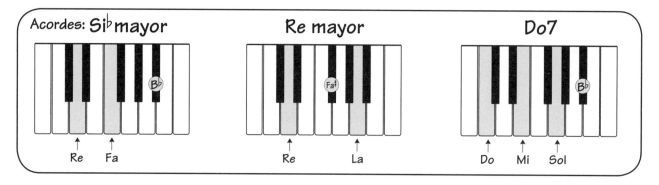

Al igual que arriba, toca tus nuevos acordes junto con los otros, primero con la mano derecha, luego con la izquierda, y después con las dos:

 Sol mayor–Do mayor–Re mayor   Fa mayor–Si b mayor– Do 7

Sol mayor–Re mayor–Mi mayor   Fa mayor–Do mayor–Do 7

«¿Do ? ¡Pero si tiene cuatro notas!».

Exacto. ¿Observas la diferencia entre los acordes de do y do 7? La cifra «7» indica que el acorde de Do tiene algo añadido (claro, ¡una cuarta nota!): un acorde de séptima contribuye un toque de «tensión» musical para que el oído desee una «resolución» musical.

Escucha de nuevo los acordes que están arriba. ¿No sientes que quieres algo más después el acorde de séptima? Bueno, aquí tienes más música ...

40 Good Night, My Fans

Cambiar al pulgar mientras sigues sosteniendo la nota

41 ### Red River Rockin'

On the stage I can see you are rock - in' and I wish I was part of your band, but I have not quite yet learned my key - board. So I'll prac - tice as much as I can.

> Las dos canciones a continuación tienen una **negra con puntillo,** que dura un tiempo y medio:
>
> negra   +   puntillo   =   negra con puntillo
> (1 tiempo)   (1/2 tiempo)   (1 tiempo 1/2)

Escucha las próximas dos canciones del audio mientras das palmas con el tiempo. ¿Puedes sentir el ritmo de la negra con puntillo? Trata de tocarla ...

42 ### Swingin' That Old Chariot

43 ### Worried Man Blues

It takes a wor - ried man to sing a wor - ried song. It takes a wor - ried man to sing a wor - ried song. It takes a wor - ried man to sing a wor - ried song. I'm wor - ried now, but I won't be wor - ried long.

Hace cuatro canciones y séptimas...

Para formar un acorde de séptima, sólo tocas un acorde mayor o menor y le añades una cuarta nota que es un **tono** inferior a la nota que le da el nombre al acorde. (¿Recuerdas los semitonos de la página 23? De una tecla a la más cercana es una distancia de un semitono, y dos semitonos son igual a un tono. Por lo tanto, para desplazarte por un tono, sólo tiene que haber una tecla entre medio).

Inténtalo...

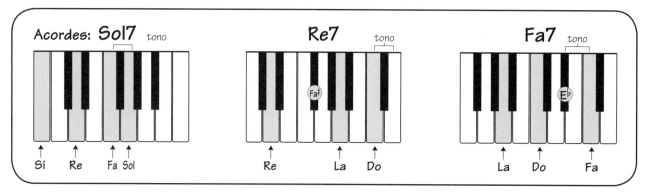

¿Qué tal si tocas un Si♭7?

A continuación se encuentra un tema bastante conocido con acordes de séptima. Primero tócalo tal como está escrito. Luego trata de reemplazar todo con acordes de séptima. ¿Qué sonido te gusta más?

44 Auld Lang Syne

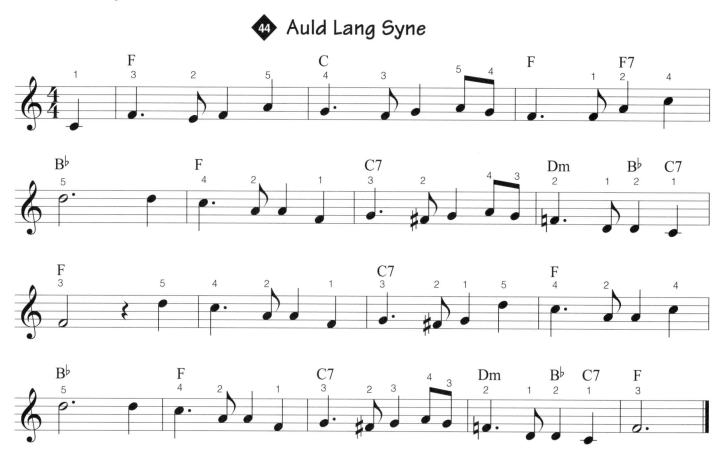

Tócalo otra vez, pero trata de tocar los acordes como **arpegio**, 'rompiéndolos'. Es decir, no toques todas las notas de un sólo golpe. Empieza con la nota más baja y rápidamente pasa por todas las notas del acorde.. También haz la prueba empezando de arriba para abajo ...

Es bueno progresar ...

En la mayoría de la música, los acordes siguen ciertos patrones de cambio entre ellos que se llaman las **progresiones de acordes**. Observa cómo los acordes avanzan, o sea su 'progreso', en este tema conocido:

45 Little Rock Band

My friends and I play all the time in a band we like to call our own.

I play key - board, they play bass and drums and guit - ar, bad to the bone!

Lit - tle rock band, lit - tle rock band, my friends and I have a lit - tle rock band.

Lit - tle rock band, lit - tle rock band, my friends and I have a lit - tle rock band.

El ejemplo que sigue cuenta con una progresión común de dos compases que es similar a lo que se oye en muchas canciones de rock, tales como «Louie, Louie», y «Wild Thing».

46 Tres acordes típicos

Aquí tienes otra progresión de acordes rockera (para disfrutar de los riffs)...

47 Improvisar con acordes

PELIGRO: Si no has dormido desde la página 1, podría ser peligroso seguir ahora —correrías el peligro de ya no divertirte aprendiendo a tocar el teclado. Tómate un buen descanso y ¡vete a dormir!

LECCIÓN 8
Un tantito más alto ahora...

Hasta ahora, sólo has tenido que estirar los dedos 1 y 5 una tecla más para arriba o para abajo. Bueno, haz crujir esos nudillos y prepárate...en la posición de Sol, extiende

Fa agudo

Estando en la posición de Sol, extiende el dedo 5 hasta el Fa:

Fa agudo

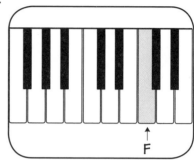

¡Felicidades! Ya has aprendido todas las líneas y los espacios del pentagrama en la clave de Sol. Vamos a hacerte tocar por primera vez esa nueva nota.

48 Blues a buen ritmo

> LA NOTACIÓN SIMPLIFICA: En vez de escribir un signo de sostenido o bemol antes de cada nota en una canción (¡oye, que la tinta cuesta una lana!), se usa la **armadura de clave**. Cuando ves una armadura de clave con un bemol en clave de Sol, esto te dice que hay que tocar todos los Si como Si bemol...

49 Rockin' On Old Smoky

Si vas a tocar notas altas por un rato, más vale que cambies de posición en vez de andar estirando la mano. (Y además, ¡podrás aprender unas cuantas notas más!). Desplaza la mano para arriba y pon el dedo sobre el «Fa alto» y los otros cuatro dedos sobre las notas Sol, La, Si, y Do:

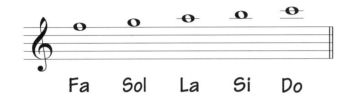

Fa Sol La Si Do

☞ NUEVA REGLA: Un **signo de becuadro** (♮) anula el efecto del sostenido o el bemol de una nota, y la nota vuelve a ser la nota sin alteración, o sea, corresponde de nuevo a una tecla blanca, pero sólo durante ese compás.

50 Star-Spangled Banner

¿Para qué estirar?

La extensión de la mano para alcanzar el «Fa alto» es un **intervalo** de séptima. Un intervalo es la distancia entre dos notas. Los intervalos son todo tipo de forma y tamaño y nos ayudan a formar los acordes y la armonía. Utiliza las líneas y los espacios del pentagrama para ayudarte a reconocer los intervalos a simple vista:

3.as
una línea (o un espacio) de distancia

4.as
una línea y un espacio de distancia

5.as
dos líneas (o espacios) de distancia

Toca este riff con 3as, 4as, y 5as...

51 ◆ Groove de intervalos pequeños

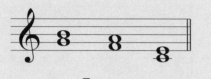

Cuanto más grande el intervalo, más distancia hay entre las notas ...

6.as   **7.as**

Ahora un riff 6as y 7as...

52 ◆ Groove de intervalos grandes

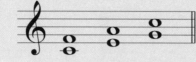

La mano derecha puede tocar intervalos con la melodía para producir un sonido más pleno ...

53 ◆ Blues de intervalos

Ahora, el máximo estirón ...

LECCIÓN 9

De 'Do' a 'Do' ...

Con la mano en la posición de Do, extiende el dedo 5 hasta el próximo Do (¡ay!):

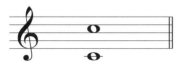

Ese intervalo se llama una **octava**. Una octava significa sencillamente que hay una distancia de ocho notas. De cualquier nota del teclado a la nota superior (o inferior) **con el mismo nombre** es una octava.

Puedes usar el intervalo de quinta para ayudarte a alcanzar una octava:

◆ 54 Also Sprach Rock

Ahora puedes tocar algunas octavas. Practica lentamente...

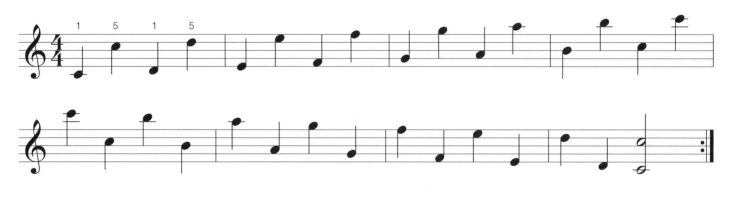

◆ 55 Saltos enormes

Usa la **mano derecha** y toca las octavas formadas con estas notas:

Do   Do#   Re   Re#   Mi   Fa   Fa#   Sol   Sol#   La   La#   Si   Do

¡Ándale con esa mano izquierda!

Puedes tocar las nuevas octavas con la mano izquierda para acompañar los acordes de la mano derecha. Por ejemplo, toca un acorde de Sol con la mano derecha mientras tocas una octava del tono de Sol con la izquierda.

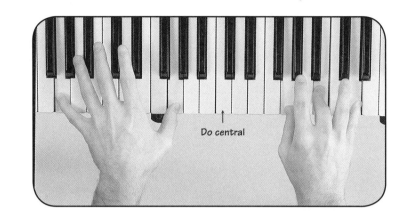

Lentamente al comienzo:

56 Acordes, no. 1

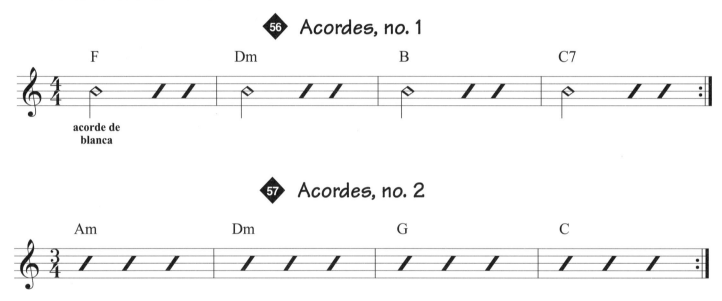

acorde de
blanca

57 Acordes, no. 2

Toca este tema con tu nuevo estilo de acompañamiento de «octavas graves (o bajas)». Toca los acordes con la mano derecha, las octavas con la izquierda y canta esta conocida melodía …

58 Battle Hymn Of Rock

Claro, los intervalos de octava también se encuentran en las melodies de las canciones ...

59 Corre, no camines

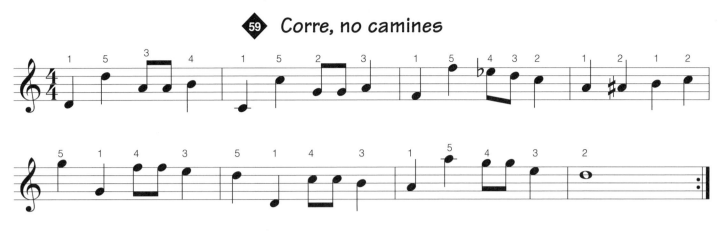

PELIGRO: Observa la nueva armadura de la clave. Tiene un sostenido en la línea de Fa. A menos que veas un signo de becuadro (♮), toca todos los tonos de Fa como Fa sostenido.

60 Take Me Onto The Stage Please

Take me on - to the stage please, out in

front of the crowd. _____ I want to play all these

songs for them. I'll be rock - in' so turn it up

loud. All I want to do is play mu - sic,

rock, jazz, or blues, I don't care. _____ So come on,

please, show me the way to the stage out there!

Deja que tus manos descansen, repasa estas canciones otra vez más tarde, y después hablaremos de un nuevo estilo de tocar...

¡TIENES ESTILO!

Estos glissandos resbalosos...

Un efecto interesante de la música de teclados es el **glissando** (abreviado «gliss.»). Quiere decir que arrastras el dedo de una nota para otra, pasando por encima de todas las otras teclas entre medio.

Dale la vuelta a la mano y arrastra
el dedo 2 hacia arriba por las teclas.

Eleva los dedos y arrastra la
uña del pulgar hacia abajo por las teclas.

Los glissandos son típicos entre las notas que están separadas por la distancia de una octava. (Pero, vamos, puedes hacer un gliss entre intervalos de cualquier tamaño). Prueba con éstos …

Pon esos glissandos a prueba con un tema...

62 ¡Gliss!

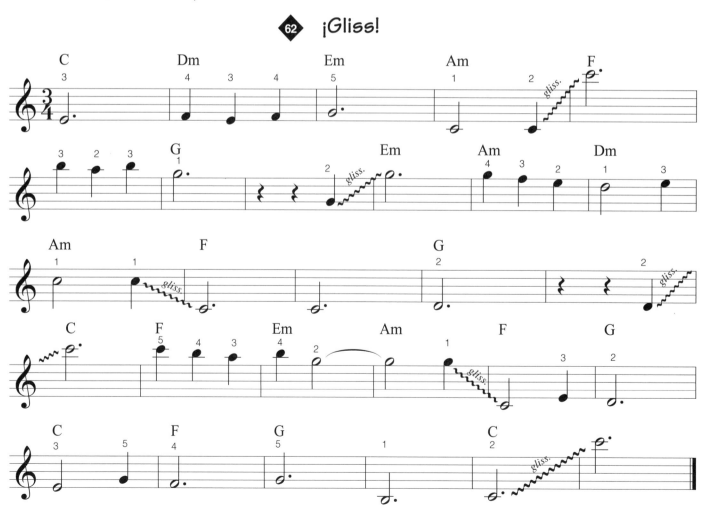

Si no está roto, ¡rómpelo!

Se puede tocar un acorde nota por nota, para arriba o para abajo. Toca un acorde del tono de do. Luego toca las distintas notas de él una a una:

Esto es un **arpegio**, un acorde 'roto'. Puedes 'romper' cualquier acorde y tocarlo como arpegio (sólo hay que usar los nombres de los acordes como guía):

63 Divídelo en terceras

En compás de 4/4, toca las notas del acorde en orden ascendente y luego descendiente:

64 Divídelo en cuartas

Tócalo un poco más rápido usando corcheas:

65 Arpegios más rápidos

Es bueno tener opciones...

Toca los arpegios con la mano izquierda para sacar un acompañamiento padrísimo. Sólo pones la mano en posición de tocar el acorde y tocas cada nota del acorde primero ascendiendo, luego descendiendo. Toca estos acordes como arpegios:

Do mayor   Fa mayor   Sol mayor   Si mayor♭   Mi menor   La menor   Re menor

No te olvides de usar esta opción cuando vas tocando las canciones del libro ...

LECCIÓN 10
¿Qué te traes?...

Aprendiste ya todas las líneas y espacios del pentagrama, además de algunas líneas adicionales encima o debajo de él. Vamos a tocar todas las teclas blancas y subir dos octavas. (¡Asegúrate de usar la digitación correcta!)

66 De Do en Do en Do

¿Te das cuenta de lo que acabas de tocar? Ésa fue tu primera **escala** musical, Do mayor. ¡Híjole, y fue una escala de dos octavas de extensión!

¿Qué es una escala musical?

Las notas se pueden ordenar en una sucesión de semitonos y tonos de manera específica, formando así una escala. La mayoría de las escalas tienen ocho notas y entre sus dos extremos hay una distancia de una octava. La que acabas de tocar empezó con Do y siguió el **orden de escala mayor**, por tanto, se llama una **escala de Do mayor**.

Aquí tienes dos escalas mayores más (de una sola octava). ¡Observa las armaduras de clave!...

67 Escala de sol mayor

68 Escala de fa mayor

Mayor o menor...

Así como es el caso con los acordes, las escalas mayores no son ni más ni menos importantes que las escalas menores. La diferencia entre las dos es la sucesión específica de semitonos y tonos con los que están formadas las escalas. Toca las escalas mayores de nuevo (claro que te esperamos)...

Escoge una ...

La sucesión de semitonos y tonos para una **escala mayor** es:

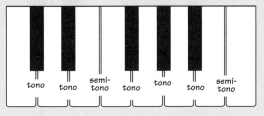

La sucesión de semitonos y tonos para una **escala menor** es un poco diferente:

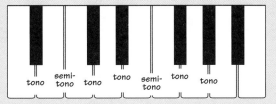

Puedes formar escalas mayores y menores comenzando desde cualquier tecla, solamente hay que seguir estos esquemas.

Aquí tienes tres escalas menores. Observa la armadura de la clave para cada una...

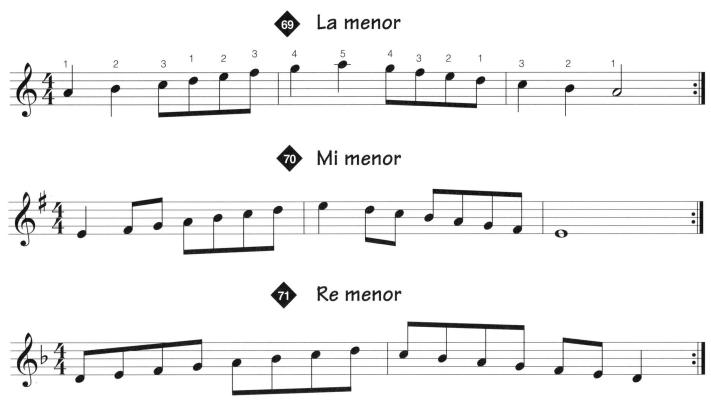

¿Y a qué viene todo esto?

 Aprender las escalas te ayuda a formar intervalos y acordes para acompañar tu melodía.

2 Practicar las escalas te ayuda con la **agilidad de los dedos**.

¿Te sientes blue?

La **escala de blues** es muy parecida a la escala menor, pero cuenta con su propia sucesión de notas:

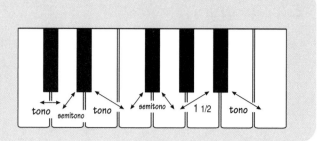

Toca una escala de blues empezando con Do:

72 Escala de blues de Do

Con esta sucesión de notas (o con sólo partes de ella) puedes tocar unos riffs en el estilo de blues...

73 Blues lento

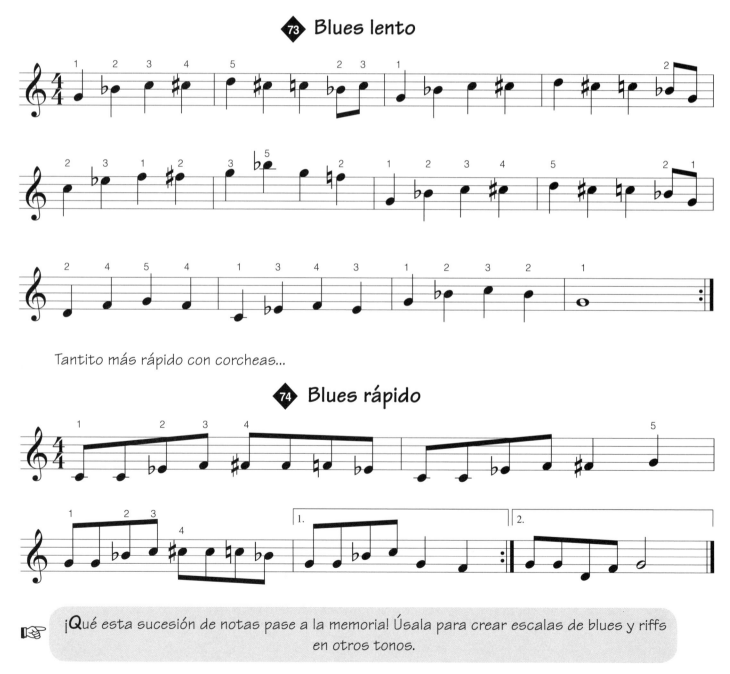

Tantito más rápido con corcheas...

74 Blues rápido

¡Qué esta sucesión de notas pase a la memoria! Úsala para crear escalas de blues y riffs en otros tonos.

LECCIÓN 11
Unas últimas notas ...

Aprendiste las dos líneas adicionales encima del pentagrama. No hay que descuidar lo que viene debajo de él ...

Notas nuevas: La y Sol graves

Regresa a la posición de Do y estira el pulgar hacia abajo una y luego dos teclas debajo del Si.

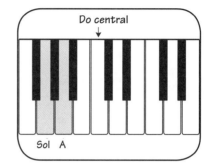

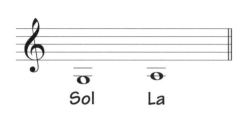

Sol   La

OPCIONES: Estira el pulgar si necesitas tocar estas notas grave sólo brevemente. Sin embargo, si la melodía se queda entre las notas bajas por un rato, sólo tienes que desplazar la mano derecha hasta alcanzar una **posición de Sol grave**.

Vamos a practicar con tus notas nuevas ...

75 ◆ Scarborough Fair

A compartir...

Si te das cuenta, ya has tocado estas dos notas con la mano izquierda en algunos acordes. Cuando tengas que tocar una nota que se comparta con la mano izquierda, solamente hará falta que el dedo de la mano izquierda se desplace y regrese en el momento en que la mano derecha se quite de esa nota.

☞ CONSEJO PARA LA DIGITACIÓN: A veces verás que será más rápido y mejor que el dedo 3
pase por encima del pulgar para tocar las notas graves, Si, La y Sol.

◆76 **Yankee Doodle Rock**

◆77 **Fiery Blues**

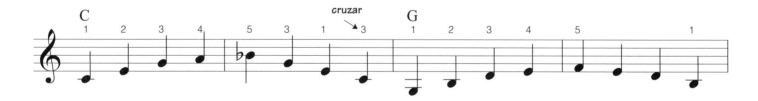

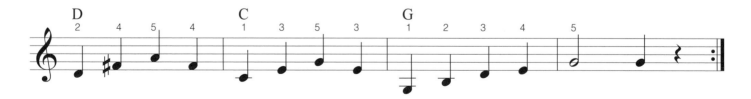

40

LECCIÓN 12
Un poco de todo...

Finalmente, permítenos hablarte de uno de los conceptos rítmicos más fundamentales (y divertidos) de la música...

La síncopa

La síncopa es nada más que acentuar una nota que ocupa una parte débil del compás. De esta manera, hace que la música suene más espontánea –y, vamos, es fabuloso para bailar. Escucha un ejemplo musical sin síncopa en el audio:

78 No sincopado

Escucha ahora el mismo ejemplo musical **con** síncopa:

79 ¡Así!

Todavía se puede sentir cada tiempo, pero claramente es más rítmico.

¡Te toca a ti!

Toca estas canciones con algo de síncopa. Acentúa las notas que lleven este signo de acentuación (>) debajo de ellas. (La mayoría de estas notas no caerán en el primer tiempo del compás)…

80 Joshua Played a Concert at Jericho

81 St. James Infirmary

¡Fantástico! Aquí hay más síncopas …

82 You've Got a Keyboard in Your Hands

You've got a key - board ____ in your hands, ____ and when you play it you can real - ly jam. ____ You've got a key - board ____ in your hands, ____ so come on down let's form a band. ____

Deja que tu mano izquierda también acentúe los acordes que caen en los tiempos débiles...

83 Acordes, no. 3

84 Acordes, no. 4

OJO: Casi has llegado al final de este libro. Descansa un rato, corre a tu tienda de música y cómprate el cancionero *Fast Track Keyboard Songbook*!
(No te arrepentirás).

LECCIÓN 13

Hora de que paguen una entrada...

Esto ya no es una lección...¡vamos a improvisar en esta sesión!

La última sección es igual en todos los libros de FAST TRACK (guitarra, bajo, teclado, batería). Así que puedes tocar o tú y tus amigos puedan formar una banda.

Ándale, no importa si la banda está en el audio o en tu casa, ¡qué empiece el espectáculo!

85 **86** **Exit for Freedom**

banda completa   sin teclado

Balada acústica y en directo

87 banda completa 88 sin teclado

A **Intro. Moderadamente lento**

B **Estrofa**

C **Estribillo**

D **Puente**

E **Coda**

Billy B. Badd

A Intro. Rock and roll

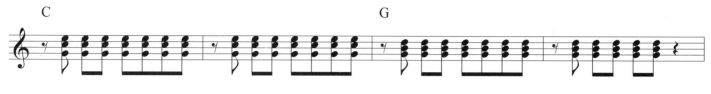

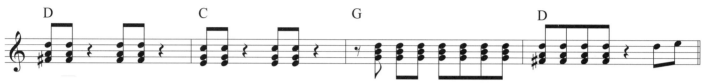

B Estrofa

C Puente

D Coda

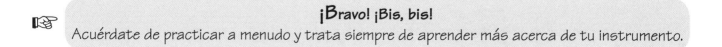

¡Bravo! ¡Bis, bis!
Acuérdate de practicar a menudo y trata siempre de aprender más acerca de tu instrumento.

¡ESPERA! ¡NO TE VAYAS TODAVÍA!

Aunque esperamos, e imaginamos, que repasarás este libro una y otra vez, ya nos parecía que estarías deseando tener una hoja que resume todo, incluyendo todos los acordes que has aprendido. Bueno, ¡aquí la tienes!

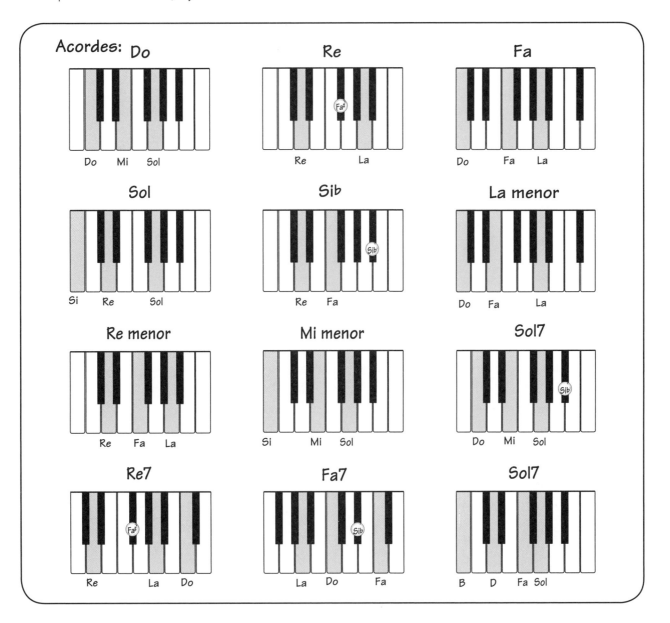

«¿Y ahora qué hago?»

Por último, queremos recomendar unas cuantas cosas que te ayudarán a perfeccionar tu conocimiento del teclado:

 La repetición es la mejor manera de aprender. Repasa los ejercicios de este libro muchas veces hasta que toques todas las notas y los acordes con facilidad, sin siquiera tener que pensar para hacerlo.

 Compra Fasttrack Keyboard: Chords and Scales, un excelente libro para consultar la teoría básica de los acordes, las escalas, los modos, y progresiones de acordes comunes. (Con un poco de suerte, lo podrás encontrar en la misma tienda que tenía este libro).

 Disfruta de lo que hagas. Se trate de practicar, improvisar, ejecutar o hasta sacudir tu teclado, hazlo con una sonrisa —la vida es muy corta.

Hasta la próxima vez...

ÍNDICE DE CANCIONES

(...¿qué libro quedaría completo sin uno?)